Todos los libros de Linkgua Ediciones cuentan con modelos de Inteligencia Artificial entrenados por hispanistas. Pregúntale al chat de tu libro lo que desees acerca de la obra o su autor/a.

Para ebooks: Accede a nuestro modelo de IA a través de este enlace.

Para libros impresos: Escanea el código QR de la portada con tu dispositivo móvil.

Obtén análisis detallados de nuestros libros, resúmenes, respuestas a tus preguntas y accede a nuestras ediciones críticas generativas para una experiencia de lectura más enriquecedora.
La transparencia y el respeto hacia la autoría de las fuentes utilizadas son distintivos básicos de nuestro proyecto. Por ello, las respuestas ofrecen, mediante un sistema de citas, las fuentes con las que han sido elaboradas.

Conde de Aranda

# Memoria secreta presentada al rey Carlos III
por S.E. el conde de Aranda, sobre la independencia de las colonias inglesas, después de haber firmado el tratado de París de 1783

Barcelona 2024
Linkgua-digital. com

# Créditos

Título original: Memoria secreta presentada al rey Carlos III por S.E. el conde de Aranda, sobre la independencia de las colonias inglesas, después de haber firmado el tratado de París de 1783.

© 2024, Red ediciones S.L.

e-mail: info@linkgua.com

Diseño de cubierta: Michel Mallard.

ISBN rústica ilustrada: 978-84-9007-949-2.
ISBN ebook: 978-84-9953-565-4.

Cualquier forma de reproducción, distribución, comunicación pública o transformación de esta obra solo puede ser realizada con la autorización de sus titulares, salvo excepción prevista por la ley. Diríjase a CEDRO (Centro Español de Derechos Reprográficos, www.cedro.org) si necesita fotocopiar, escanear o hacer copias digitales de algún fragmento de esta obra.

# Sumario

# Brevísima presentación

El Conde de Aranda, presentó al rey Carlos III este Memorial o Dictamen secreto sugiriendo renunciar al dominio directo sobre América, excepto Cuba y Puerto Rico, y constituir tres monarquías en México, Perú y Costa Firme, asociadas a España, cuyo rey se convertiría en emperador. El Conde de Aranda llegó a esta posición tras el apoyo prestado por España a la independencia de Estados Unidos reconocida en el Tratado de Versalles de 3 de septiembre 1783, que él mismo gestionó como embajador en París, considerando que era imposible mantener en el futuro los territorios españoles de ultramar.

En la Memoria secreta presentada al rey Carlos III por S.E. el conde de Aranda, sobre la independencia de las colonias inglesas, después de haber firmado el tratado de París de 1783, se aconseja al rey Carlos III de España:

deshacerse de todas las posesiones que tiene sobre el continente de las dos Américas, conservando solamente las islas de Cuba y Puerto Rico en la parte septentrional, y alguna otra que pueda convenir en la parte meridional, con el objeto de que pueda servirnos de escala de depósito para el comercio español.

Sobre esta Memoria secreta presentada al rey Carlos III escribió el cubano José Antonio Saco:

Véanse aquí trazadas en compendio las causas verdaderas de independencia de las colonias españolas. Lo único que les faltaba para realizar sus deseos era una coyuntura favorable, y ésta se les presentó con la invasión de España por las tropas francesas en 1808. Así fue que desde entonces se empezó a descomponer el edificio gótico colonial y algunas de las columnas que lo sus-

tentaban se desplomaron, aun antes de haberse publicado la
Constitución de 1812.

# Memoria secreta presentada al rey Carlos III por S.E. el conde de Aranda, sobre la independencia de las colonias inglesas, después de haber firmado el tratado de París de 1783

Señor: mi amor por la persona augusta de V.M., el reconocimiento que le debo por tantas bondades con que ha querido honrarme, y el amor que tengo a mi país, me obligan a comunicar a V.M. una idea a la que doy la mayor importancia en las presentes circunstancias.

Acabo de hacer y de firmar, en virtud de las órdenes y poderes de V.M., un tratado de paz con la Inglaterra. Esta negociación que según los testimonios lisonjeros, verbales y por escrito que de parte de V.M. he recibido, me ha dado motivo para creer haberlo desempeñado conforme a sus reales intenciones, ha dejado en mi alma, lo confieso a V.M., un sentimiento penoso.

La independencia de las colonias inglesas ha sido reconocida y esto mismo es para mí un motivo de dolor y de temor. La Francia tiene pocas posesiones en América, pero hubiera debido considerar que la España, su íntima aliada, tiene muchas, que quedan desde hoy expuestas a terribles convulsiones.

Desde el principio, la Francia ha obrado contra sus verdaderos intereses, estimulado y favoreciendo esta independencia; muchas veces lo he declarado así a los ministros de esta nación. ¿Qué cosa mejor podía desear la Francia que el ver destruirse mutuamente a los ingleses y a sus colonos, en una guerra de partidos, la cual no podía menos que aumentar su poder y favorecer sus intereses? La antipatía que reina entre la Francia y la Inglaterra cegó al gabinete francés: olvidó que sus intereses consistían en permanecer tranquilo espectador de esta lucha, y una vez lanzado en la arena nos arrastró desgraciadamente consigo en virtud del pacto de familia, a una guerra enteramente contraria a nuestra propia causa.

No me detendré ahora a examinar la opinión de algunos hombres de Estado, así nacionales como extranjeros, con cuyas ideas me hallo conforme sobre la dificultad de conservar nuestra dominación en América. Jamás posesiones tan extensas y colocadas a tan grandes distancias de la metrópoli se han podido conservar mucho tiempo. A esta dificultad, que comprende a todas las colonias, debemos añadir otras especiales que militan contra las posesiones españolas de Ultramar, a saber: la dificultad de socorrerlas cuando puedan tener necesidad; las vejaciones de algunos de los gobernadores contra los desgraciados habitantes; la distancia de la autoridad suprema a la que tienen necesidad de ocurrir para que se atiendan sus quejas, lo que hace que se pasen años enteros antes que se haga justicia a sus reclamaciones; las vejaciones a que quedan expuestos de parte de las autoridades locales en este intermedio; la dificultad de conocer bien la verdad a tanta distancia; por último, los medios que a los vireyes y capitanes generales, en su calidad de españoles, no pueden faltar para obtener declaraciones favorables en España. Todas estas circunstancias no pueden dejar de hacer descontentos entre los habitantes de la América, y obligarlos a esforzarse para obtener la independencia, tan luego como se les presente la ocasión.

Sin entrar, pues, en ninguna de estas consideraciones, me limitaré ahora a la que nos ocupa sobre el temor de vernos expuestos a los peligros que nos amenazan de parte de la nueva potencia que acabamos de reconocer, en un país en que no existe ninguna otra en estado de contener sus progresos. Esta República federal ha nacido pigmea, por decirlo así, y ha tenido necesidad de apoyo y de las fuerzas de dos potencias tan poderosas como la España y la Francia, para conseguir su independencia. Vendrá un día en que será un gigante, un coloso temible en esas comarcas. Olvidará entonces sus beneficios que ha recibido de las dos potencias, y no pensará más que en su engrandecimiento. La libertad de conciencia, la facilidad de establecer nuevas poblaciones sobre inmensos terrenos, así como las ventajas con que brinda el nuevo gobierno, atraerán agricultores y artesanos de todas las naciones, porque los hombres corren siempre tras la fortuna, y dentro de algunos años veremos con mucho dolor la existencia amenazadora del coloso de que hablo.

El paso primero de esta potencia, cuando haya llegado a engrandecerse, será apoderarse de las Floridas para dominar el Golfo de México. Después de habernos hecho de este modo dificultoso el comercio con la Nueva España, aspirará a la conquista de este vasto imperio, que nos será posible defender contra una potencia formidable, establecida sobre el mismo continente, y a más de eso limítrofe.

Estos temores son muy fundados, señor, y deben realizarse dentro de pocos años, si acaso antes no acontecen algunos trastornos todavía más funestos en nuestras Américas. Este modo de ver las cosas está justificado por lo que ha acontecido en todos los siglos y en todas las naciones que han comenzado a levantarse. El hombre es el mismo en todas partes: la diferencia de los climas no cambia la naturaleza de nuestros sentimientos: el que encuentra una ocasión de adquirir poder y engrandecerse, se aprovecha de ella. ¿Cómo podremos, pues, nosotros esperar que los americanos respeten el reino de la Nueva España, cuando tengan facilidad de apoderarse de este rico y hermosos país? Una sabia política nos aconseja tomar precauciones contra los males que puedan sobrevenir. Este pensamiento ocupó toda mi atención, después de que como ministro plenipotenciario de V.M., y conforme a su real voluntad y a sus instrucciones, firmé la paz de París. Consideré este importante asunto con toda la atención de que soy capaz, y después de muchas reflexiones debidas a los conocimientos así militares como políticos que he podido adquirir en mi larga carrera, creo que no nos queda, para evitar las grandes pérdidas de que estamos amenazados, más que adoptar el medio que tengo el honor de proponer a V.M.

V.M. debe deshacerse de todas las posesiones que tiene sobre el continente de las dos Américas, conservando solamente las islas de Cuba y Puerto Rico en la parte septentrional, y alguna otra que pueda convenir en la parte meridional, con el objeto de que pueda servirnos de escala de depósito para el comercio español.

A fin de llevar a efecto este gran pensamiento de una manera conveniente a la España, se deben colocar sus infantes en América: el uno como rey de México; otro, rey del Perú, y el tercero, de la Costa Firme. V.M. tomará el título de Emperador.

Las condiciones de esta grande cesión, deberán ser que V.M., y los príncipes que ocuparán el trono español, en clase de sucesores de V.M., sean siempre reconocidos por los nuevos reyes, como jefes supremos de la familia: que el rey de Nueva España pague cada año, en reconocimiento por la cesión del reino, una renta anual en marcos de plata, que deberá remitirse en barras para hacerlas amonedar en Madrid o en Sevilla. El rey del Perú deberá hacer lo mismo en cuanto al oro, producto de sus posesiones. El de la Costa Firme enviará cada año su contribución en efectos coloniales, sobre todo, en tabaco, para proveer los almacenes del reino.

Estos soberanos y sus hijos, deberán siempre casarse con los infantes de España o de su familia. A su vez los príncipes españoles se casarán con las princesas de los reinos de Ultramar. Así se establecerá una unión íntima entre las cuatro coronas; y al advenimiento a su trono, cada uno de estos soberanos deberá hacer el juramento solemne de llevar a efecto estas condiciones.

En cuanto al comercio, deberá hacerse bajo el pie de la mayor reciprocidad. Las cuatro naciones deberán considerarse como unidas por la alianza más estrecha, ofensiva y defensiva, para su conservación y prosperidad.

No hallándose nuestras fábricas en estado de proveer a la América de todos los objetos manufacturados, de que podría necesitar, será preciso que la Francia, nuestra aliada, le ministrase todos los artículos que estuviésemos en imposibilidad de enviarle, con exclusión absoluta de la Inglaterra. A este efecto, los tres soberanos, al subir a sus respectivos tronos, harán tratados formales de comercio con la España y la Francia sin establecer jamás relaciones algunas con los ingleses. Por lo demás, como dueños y soberanos de Estados nuevos, podrían hacer lo que más les conviniese.

De la ejecución de este plan, resultarían grandísimas ventajas. La contribución de los tres reyes del Nuevo Mundo importaría más a la España que la plata que hoy saca de América. La población aumentaría, pues cesaría la emigración continua que hoy se nota en esas posesiones.

Ni el poder de los tres reinos de América, una vez ligados por las obligaciones que se han propuesto, ni el de las España y Francia en nuestro continente podrían ser contrarrestados en aquellos países por ninguna potencia de Europa. Se podría evitar también el engrandecimiento de las colonias anglo-americanas, o de cualquiera otra potencia que quisiese establecerse en esta parte del mundo. En virtud de esta unión con los nuevos reinos, el comercio de España cambiaría las producciones nacionales con los efectos coloniales de que pudiésemos tener necesidad para nuestro consumo. Por este medio nuestra marina mercante se aumentaría y la marina militar se haría respetar sobre todos los mares. Las islas que he nombrado anteriormente, administrándolas bien y poniéndolas en buen estado de defensa, nos bastarían para nuestro comercio, sin tener necesidad de otras posesiones; en fin, gozaríamos de todas las ventajas que nos da la posesión de la América, sin tener que sufrir ninguno de sus incovenientes.

Tales son, señor, mis ideas sobre este negocio delicado: si ellas merecen la aprobación de V.M., entraré más detenidamente a de-

tallar sus pormenores; explicaré el modo de ponerlas en práctica, con el secreto y precauciones convenientes, de manera que la
Inglaterra no sepa nada, sino cuando los tres infantes estén en
camino, más cerca de América que de Europa, y cuando ya no
pueda oponerse. Este golpe sería terrible para esa orgullosa rival,
y prepararíamos con anticipación las medidas que se deben tomar,
para ponernos a cubierto de los efectos de su cólera.

Preciso es, para asegurar la ejecución de este plan, contar con
la Francia, nuestra íntima aliada, que se prestará gustosa, viendo
las ventajas que deben resultarle del establecimiento de su familia
sobre los tronos del Nuevo Mundo, así como la protección especial
de su comercio en todo ese hemisferio, con exclusión de la Inglaterra, su implacable rival. Hace poco tiempo que llegué a París, habiendo obtenido una licencia temporal, para atender a mis asuntos
personales. Si V.M. lo tiene a bien volveré a continuar mi embajada, diciendo que mis negocios se han concluído. Gozo de una consideración sin límites en esa capital; el rey y la reina me honran con
su afecto, y he observado bien y de cerca a sus ministros. No sé si
me equivoco, pero espero hacerles aceptar el proyecto propuesto,
y conducir su ejecución con el secreto y prudencia convenientes.
V.M. puede contar conmigo para las ocurrencias ulteriores de este
proyecto, de la manera que agrade a V.M., porque el que ha concebido una idea, es más propio para ejecutarla que cualquiera otro.
V.M. conoce mi celo y mi fidelidad; ninguno de los asuntos que
me ha confiado ha salido mal; tengo seguridad de que éste tendrá
buen éxito, si he de juzgar por el deseo inalterable que tengo de
consagrar mi reposos, mis intereses y mi vida en servicio de V.M.

# Libros a la carta

A la carta es un servicio especializado para
empresas,
librerías,
bibliotecas,
editoriales
y centros de enseñanza;
y permite confeccionar libros que, por su formato y concepción, sirven a los propósitos más específicos de estas instituciones.

Las empresas nos encargan ediciones personalizadas para marketing editorial o para regalos institucionales. Y los interesados solicitan, a título personal, ediciones antiguas, o no disponibles en el mercado; y las acompañan con notas y comentarios críticos.

Las ediciones tienen como apoyo un libro de estilo con todo tipo de referencias sobre los criterios de tratamiento tipográfico aplicados a nuestros libros que puede ser consultado en Linkgua-ediciones.com.

Linkgua edita por encargo diferentes versiones de una misma obra con distintos tratamientos ortotipográficos (actualizaciones de carácter divulgativo de un clásico, o versiones estrictamente fieles a la edición original de referencia).

Este servicio de ediciones a la carta le permitirá, si usted se dedica a la enseñanza, tener una forma de hacer pública su interpretación de un texto y, sobre una versión digitalizada «base», usted podrá introducir interpretaciones del texto fuente. Es un tópico que los profesores denuncien en clase los desmanes de una edición, o vayan comentando errores de interpretación de un texto y esta es una solución útil a esa necesidad del mundo académico.

Asimismo publicamos de manera sistemática, en un mismo catálogo, tesis doctorales y actas de congresos académicos, que son distribuidas a través de nuestra Web.

El servicio de «libros a la carta» funciona de dos formas.

1. Tenemos un fondo de libros digitalizados que usted puede personalizar en tiradas de al menos cinco ejemplares. Estas personalizaciones pueden ser de todo tipo: añadir notas de clase para uso de un grupo de estudiantes, introducir logos corporativos para uso con fines de marketing empresarial, etc. etc.

2. Buscamos libros descatalogados de otras editoriales y los reeditamos en tiradas cortas a petición de un cliente.